Puzzle #15

CUBA

M	F	F	E	Q	P	Y	F	J	B	K	B	P	D	U
C	A	B	H	O	S	Z	D	M	H	A	Z	N	I	V
H	W	S	Q	Y	O	R	T	S	A	C	L	U	A	R
D	C	M	L	T	O	B	A	C	C	O	S	R	N	T
B	T	A	E	A	F	E	R	B	I	L	A	B	U	C
R	S	N	E	T	S	Z	Z	R	A	O	L	C	T	C
W	E	T	A	B	T	N	U	B	J	N	H	E	H	R
W	M	T	R	H	E	E	A	W	N	I	Q	P	E	V
N	P	C	S	O	C	R	R	B	B	A	K	E	H	X
S	E	O	L	B	P	N	C	A	U	L	B	P	A	F
G	D	N	N	Y	O	I	A	A	G	C	Z	H	V	S
K	R	G	I	J	L	L	C	H	N	I	D	N	A	B
C	A	R	A	I	B	E	S	A	C	T	C	S	N	R
G	D	I	J	D	U	E	H	I	N	Y	L	B	A	Y
J	O	M	E	M	J	T	S	E	L	A	N	I	V	O

CARAIBES
CHAN CHAN
CIGARETTE
COLONIAL CITY
CONGRI
CUBA LIBRE

CUBAN SALSA
EMPEDRADO
LOBSTER
NACRE BEACH
RAUL CASTRO
THE HAVANA

TOBACCO
TROPICANA
VINALES

TURKEY

S	K	H	I	B	U	T	D	J	L	N	L	G	W	B
O	V	X	T	B	D	L	O	K	U	M	I	E	F	N
S	N	L	W	R	P	I	L	A	V	S	E	P	E	Y
G	C	Q	G	C	Y	S	M	P	Z	J	A	H	U	E
C	H	B	L	B	Y	Z	A	N	T	I	N	E	L	W
O	C	Y	B	L	A	Y	N	C	C	B	A	S	M	Y
P	T	P	Q	X	U	O	E	A	J	O	T	U	S	I
A	P	T	X	E	W	B	P	P	M	D	O	S	N	R
A	I	G	O	E	U	N	N	P	T	R	L	P	A	M
N	C	C	I	M	X	Q	A	A	J	U	I	U	C	A
A	M	I	X	I	A	M	S	D	T	M	A	B	O	L
G	P	O	Z	A	P	N	X	O	A	S	C	Z	U	P
A	Q	N	P	J	T	P	S	C	M	M	I	N	J	J
O	M	P	F	O	J	K	H	I	U	R	A	T	C	B
H	E	L	A	K	K	U	M	A	P	W	O	R	J	X

ANATOLIA	DOLMA	OTTOMANS
BIRMAN	EPHESUS	PAMUKKALE
BODRUM	ISTANBUL	PILAV
BYZANTINE	LOKUM	RAMADAN
CAPPADOCIA	MOSQUE	

RUSSIA

L	P	Q	V	S	I	B	E	R	I	A	P	Z	C	I
J	F	L	N	E	R	K	Z	O	F	K	Y	Z	H	I
J	T	S	V	R	H	I	J	B	A	M	O	R	S	D
P	Y	C	L	W	O	C	S	O	M	J	S	P	E	W
G	M	A	A	D	R	A	T	K	R	O	U	B	L	E
M	B	J	W	V	G	U	U	A	M	I	C	F	N	E
X	W	C	O	A	I	C	L	Z	B	P	P	E	R	V
W	A	L	A	K	I	A	B	A	Q	R	Q	B	M	L
H	T	K	Q	X	Z	S	R	N	D	X	O	D	S	Y
E	N	I	K	H	C	U	O	P	A	Z	Y	G	S	E
R	C	K	I	H	M	S	H	S	W	F	U	S	Y	I
U	N	Q	L	N	Q	V	X	M	C	G	F	O	P	Z
A	U	B	I	N	V	O	N	A	G	O	R	T	S	P
S	N	O	V	O	S	S	I	B	I	R	S	K	R	O
O	L	C	R	Q	M	Q	U	C	H	E	A	Y	O	S

BAIKAL

CAUCASUS

CAVIAR

GORBATCHEV

KAZAN

MOSCOW

NOVOSSIBIRSK

PIROJKI

POUCHKINE

ROUBLE

SIBERIA

SOUZDAL

STROGANOV

THAILAND

M	M	X	O	T	H	P	S	C	R	J	N	T	J	P
M	O	G	A	C	R	O	Z	T	R	Q	A	F	F	W
Q	E	D	O	Y	M	O	N	O	R	T	S	A	G	K
G	X	D	I	P	A	W	Y	S	E	L	P	M	E	T
K	U	J	I	B	S	O	I	Y	D	I	V	I	N	G
O	Z	M	K	T	S	E	K	A	Q	N	E	H	I	U
H	S	A	C	P	A	B	H	A	H	B	A	V	N	L
L	Q	Q	A	W	G	T	Y	C	H	T	M	L	Y	X
A	K	F	T	Z	E	Y	I	W	A	D	D	J	S	F
N	A	Y	G	E	W	Y	I	O	Q	E	D	A	V	I
T	K	X	Y	A	K	O	K	G	N	A	B	U	P	Q
A	N	P	L	R	A	U	V	U	T	O	I	S	B	R
S	F	B	G	X	R	C	H	A	V	W	Z	S	O	P
S	O	V	Q	K	O	U	T	P	R	I	I	L	A	G
L	Z	V	R	O	X	M	C	L	D	P	Z	X	T	B

ASIA	DIVING	PAD THAI
BANGKOK	GASTRONOMY	PHUKET
BEACHES	ISLANDS	TEMPLES
BOAT	KOH LANTA	
BUDDHA	MASSAGE	
CURRY	MEDITATION	

MONGOLIA

C	Z	G	O	P	K	C	I	X	K	W	Q	S	G	J
O	G	C	O	H	M	S	I	N	A	M	A	H	S	L
R	O	T	A	B	N	A	L	U	O	S	A	E	V	R
G	E	N	G	H	I	S	K	H	A	N	G	E	H	A
N	M	J	K	T	W	S	V	M	N	Y	B	P	L	Y
K	N	R	U	V	R	U	U	H	S	U	U	H	K	W
J	O	A	A	O	R	U	S	S	I	A	N	V	A	N
X	M	L	I	O	G	S	Y	S	I	Y	L	M	P	B
S	A	W	P	L	A	N	A	O	H	H	I	V	N	R
R	D	H	E	I	O	X	I	Z	L	K	U	A	B	X
O	E	P	O	H	T	G	B	P	E	S	P	Q	T	A
G	S	Y	F	R	S	K	N	O	M	Q	Z	R	Q	N
R	T	A	P	H	S	T	A	O	G	A	R	G	B	C
S	A	E	R	A	N	E	P	O	M	F	C	N	A	Y
H	Z	B	K	Z	S	T	E	P	P	E	S	T	Q	B

CAMPING

GENGHIS KHAN

GOATS

GOBI

HORSE

KHUUSHUUR

MONGOLIAN

MONKS

NOMADES

OPEN AREAS

OULAN BATOR

RUSSIAN VAN

SHAMANISM

SHEEP

STEPPES

YURT

PHILIPPINES

C	L	W	B	D	N	V	Z	D	M	O	H	Y	A	H
A	R	N	N	U	S	J	C	E	B	U	F	B	L	R
K	N	S	N	O	O	H	P	Y	T	A	S	F	K	F
P	M	I	B	J	R	S	M	L	I	W	D	W	B	W
B	I	Z	A	A	N	O	T	W	K	A	L	I	B	O
T	O	S	B	O	R	A	C	A	Y	H	R	Y	A	N
A	Z	L	C	C	O	I	S	W	O	P	T	F	V	N
G	G	N	S	E	R	D	J	J	R	B	H	W	N	D
A	L	Y	P	O	S	H	N	Y	N	I	O	J	J	X
Y	M	B	L	K	D	G	Q	O	D	X	A	H	S	T
T	H	D	L	R	C	I	Q	V	N	X	Y	G	O	A
A	I	A	L	Q	W	G	N	I	V	I	D	N	E	L
Y	I	H	M	M	A	N	I	L	A	S	B	Q	D	K
W	F	Q	D	F	F	K	M	C	E	D	T	J	A	Q
O	N	C	V	K	J	K	Q	B	C	O	B	Q	Y	V

BADIAN	CORON	PISCES
BINONDO	DIVING	TAGAYTAY
BOATS	EL NIDO	TYPHOONS
BOHOL	KALIBO	
BORACAY	MANILA	
CEBU	OSLOB	

GERMANY

I	G	L	O	W	E	R	S	A	X	O	N	Y	J	M
T	S	E	F	R	E	B	O	T	K	O	T	A	T	Q
N	B	A	V	A	R	I	A	C	J	I	H	F	O	P
A	N	G	E	L	A	M	E	R	K	E	L	P	Y	N
I	P	R	T	T	X	D	A	H	A	M	B	U	R	G
P	X	N	E	D	S	E	R	D	G	A	D	E	P	K
B	B	R	A	N	D	E	N	B	U	R	G	Q	V	C
D	R	R	Q	Y	R	F	R	A	N	K	F	U	R	T
X	D	U	S	S	E	L	D	O	R	F	Z	V	Z	J
Q	V	H	B	Q	G	M	A	P	F	T	R	Z	U	F
K	J	Z	C	U	V	I	M	G	O	K	I	I	D	X
A	F	F	P	I	S	W	A	G	I	L	C	C	T	B
M	F	T	I	R	N	I	L	R	E	B	Q	A	E	A
T	R	A	G	T	T	U	T	S	R	D	C	G	L	K
Y	M	P	N	U	R	E	M	B	E	R	G	F	K	B

ANGELA MERKEL
BAVARIA
BERLIN
BLACK FOREST
BRANDENBURG
DRESDEN

DUSSELDORF
FRANKFURT
HAMBURG
LOWER SAXONY
MUNICH
NUREMBERG

OKTOBERFEST
STUTTGART
SUBURB

JORDAN

U	H	O	S	A	M	B	O	U	S	S	E	K	S	W
S	D	J	A	W	B	T	N	O	F	M	V	A	U	W
G	I	M	E	S	W	O	P	A	X	M	Z	B	A	T
M	R	E	A	I	O	O	B	Q	M	Y	D	B	Y	B
A	N	O	Q	B	G	R	B	R	Y	M	V	Z	F	M
R	T	F	K	M	A	Q	D	E	J	Z	A	V	Z	N
M	W	N	X	L	M	Q	Q	A	N	I	B	E	Z	V
U	A	C	Y	Y	S	U	A	T	D	T	D	M	O	M
E	D	D	I	V	A	O	Y	A	J	I	N	A	Z	P
R	I	F	A	B	L	E	S	A	Z	Q	U	U	X	Y
T	R	K	E	B	A	B	Z	H	U	Y	V	C	O	B
O	U	Z	E	N	A	R	B	Z	U	W	D	E	U	M
X	M	C	U	F	A	L	A	F	E	L	S	P	P	S
I	S	P	Z	L	T	J	R	C	O	M	L	Z	V	W
E	K	P	E	T	R	A	U	G	D	Z	A	W	V	G

AMMAN	KEFTA	SAMBOUSSEK
AQABA	MADABA	UMM QEIS
ARABIC	MAR MUERTO	WADI RUM
CUIDAD ROSA	MEZZE	
FALAFELS	MOUNT NEBO	
KEBAB	PETRA	

CAMBODIA

H	W	G	N	A	B	M	A	T	T	A	B	N	K	H
V	V	Z	P	H	N	O	M	P	E	N	H	Y	C	I
Y	B	N	K	G	X	R	B	I	Y	G	I	V	Z	G
D	A	J	J	M	E	K	O	N	G	K	U	M	T	W
B	A	Y	O	N	I	A	R	T	O	O	B	M	A	B
K	U	T	K	U	T	M	W	W	H	R	E	M	H	K
F	T	O	G	M	V	P	Q	G	R	W	I	K	C	A
S	G	N	T	H	B	O	G	G	R	A	S	S	E	D
P	I	L	E	C	P	T	W	H	V	T	Z	C	U	P
X	E	E	L	L	I	V	K	U	O	N	A	H	I	S
I	Z	S	M	A	K	B	L	F	R	G	N	P	C	M
C	L	A	N	R	C	C	N	E	P	Y	U	X	S	I
B	D	P	T	B	E	I	T	Z	I	M	W	S	M	L
Z	M	O	F	X	P	A	T	I	K	R	X	D	B	E
I	Z	I	S	F	B	C	P	Y	J	O	F	Z	V	S

ANGKOR WAT
BAMBOO TRAIN
BATTAMBANG
BAYON
KAMPOT
KEP

KHMER
MEKONG
PHNOM PENH
RIEL
SIEM REAP
SIHANOUKVILLE

SMILES
TONLE SAP
TUK TUK

GREECE

N	A	A	E	S	E	N	N	O	P	O	L	E	P	U
I	F	A	E	G	E	A	N	S	E	A	Q	D	O	D
K	G	I	O	S	S	D	X	K	O	G	G	T	I	I
O	K	F	Y	E	N	M	A	L	Z	N	R	F	Q	Y
S	E	Z	N	I	N	A	O	L	S	S	O	A	J	Y
V	T	R	I	Y	S	A	I	O	C	F	G	K	D	J
O	F	R	F	I	I	T	R	N	R	Y	A	J	Y	R
U	N	P	E	D	N	X	E	R	O	H	C	F	X	M
T	E	X	G	A	L	S	S	V	E	I	S	S	S	Q
S	Y	X	K	X	W	D	D	A	U	T	G	U	L	Q
I	W	Z	E	E	T	O	S	N	T	O	I	V	M	F
S	A	N	T	O	R	I	N	I	A	H	I	D	E	L
I	A	K	A	S	S	U	O	M	Z	L	E	G	E	U
G	J	N	O	N	E	H	T	R	A	P	S	N	V	M
Q	L	Y	S	I	A	C	R	O	P	O	L	I	S	O

ACROPOLIS　　　　ISLANDS　　　　　　PARTHENON
AEGEAN SEA　　　MEDITERRANEO　　PELOPONNESE
ATHENS　　　　　 MOUSSAKA　　　　 SANTORINI
CYCLADES　　　　 MUSHROOMS
GIOUVETSI　　　　 MYKONOS
IONIAN SEA　　　　NIKOS VOUTSIS

PANAMA

B	E	X	B	X	C	P	S	U	Q	Y	P	Q	M	O
S	E	L	G	V	F	V	A	A	V	H	I	F	M	X
K	P	A	N	A	M	A	C	A	N	A	L	Q	X	I
K	A	Q	I	T	R	E	S	L	E	C	H	E	S	V
E	C	A	R	A	I	B	E	S	S	E	O	N	Y	O
B	C	V	P	F	N	B	D	N	I	J	J	C	N	O
H	W	I	E	B	I	A	F	K	W	J	J	K	H	J
S	E	E	R	T	T	U	N	O	C	O	C	M	F	O
E	N	P	K	N	G	I	E	A	R	T	T	I	Q	Y
W	G	J	W	K	E	Y	L	T	B	E	T	D	M	N
D	L	S	G	H	J	E	B	I	E	N	S	N	L	A
N	I	K	M	A	X	T	R	Q	G	U	X	T	C	O
X	S	V	P	Q	Z	C	G	G	F	X	Q	O	S	U
P	H	X	X	A	U	L	L	A	C	I	P	O	R	T
A	G	Z	S	E	H	T	O	L	C	D	L	O	B	Y

BANANA	FORESTS	SANCOCHO
BOQUETE	GREEN RICE	TRES LECHES
CARAIBES	OLD CLOTHES	TROPICAL
COCONUT TREES	OLD TOWN	
ENGLISH	PANAMA CANAL	

ITALY

I	E	A	A	F	H	X	H	C	U	J	U	W	C	W
U	R	M	L	L	R	P	G	P	I	P	Z	B	F	Z
Y	Y	P	O	O	L	D	G	S	D	H	F	Y	O	H
P	O	Q	E	R	D	E	W	X	R	X	H	P	V	J
U	A	V	X	E	Z	N	R	T	W	I	Z	T	A	S
R	S	L	A	N	C	M	O	A	G	D	H	J	T	I
S	W	I	L	C	A	O	L	G	Z	T	N	G	I	C
U	P	K	M	E	I	L	L	J	E	Z	I	O	C	I
G	M	U	H	A	R	T	I	I	Z	H	O	V	A	L
S	S	Z	O	S	R	A	A	M	S	Q	R	M	N	Y
D	L	Y	G	S	E	I	T	I	V	E	N	I	C	E
O	T	D	A	X	W	L	T	T	R	X	O	P	M	H
K	D	C	F	J	P	O	P	E	A	D	V	O	E	V
O	H	V	L	X	H	Y	C	A	W	M	A	B	S	Z
M	E	D	I	T	E	R	R	A	N	E	A	N	D	Z

ADRIATIC	MILAN	TIRAMISU
COLISEO	MOZZARELLA	VATICAN
FLORENCE	NAPLES	VENICE
GONDOLA	POPE	
MATTARELLA	ROME	
MEDITERRANEAN	SICILY	

INDONESIA

I	B	I	M	R	A	R	J	S	G	U	S	N	R	K
U	S	X	I	S	U	M	A	T	R	A	B	S	C	W
F	T	E	Z	B	S	F	K	M	E	T	R	U	Y	V
M	R	A	W	I	B	R	A	E	E	S	O	G	D	F
A	R	U	W	A	I	I	R	V	K	E	M	L	M	D
M	G	I	T	U	L	L	T	U	E	M	O	L	G	M
S	U	M	C	A	L	U	A	R	A	I	V	X	G	C
Z	F	O	O	E	B	U	S	B	L	N	O	J	I	I
T	T	U	Y	R	F	T	L	Y	H	Y	L	O	X	C
L	Q	N	W	I	X	I	N	O	E	A	C	P	U	L
G	H	T	H	Z	F	O	E	U	M	K	A	G	O	Y
U	S	I	Q	L	C	C	T	L	O	B	N	E	C	E
D	Z	J	W	A	M	J	W	O	D	M	O	O	D	D
Z	Q	E	N	L	D	W	F	L	Z	S	Q	K	M	K
M	I	N	K	Q	Q	S	U	R	F	I	N	G	D	N

BALI   MOUNT IJEN   UBUD

BROMO VOLCANO   RICE FIELDS   ULUWATU

JAKARTA   SEMINYAK   YOGA

LOMBOK   SULAWESI

MONKEYS   SUMATRA

MOUNT BATUR   SURFING

ARGENTINA

H	V	G	V	M	Q	N	T	N	J	T	Z	Q	U	D
R	L	K	O	S	N	I	U	G	N	E	P	E	A	X
R	Z	V	B	C	S	E	R	O	J	A	F	L	A	I
H	X	M	U	Q	R	R	Z	Z	B	P	X	U	M	M
W	A	P	E	R	I	T	O	M	O	R	E	N	O	Y
O	G	C	N	N	P	B	F	C	D	C	S	O	X	M
M	G	A	O	U	D	A	G	E	L	A	H	I	X	Y
K	E	N	S	B	Q	O	T	K	T	S	D	H	Q	G
M	I	E	A	U	A	O	Z	A	C	A	V	C	W	Q
A	F	A	I	T	V	L	V	A	G	R	M	G	P	R
E	B	A	R	I	L	O	C	H	E	O	S	H	P	I
B	Q	B	E	J	E	A	D	A	N	S	N	H	Q	P
W	N	C	S	I	T	D	S	A	Y	A	I	I	G	H
R	J	W	F	L	X	L	I	Z	S	D	Q	G	A	W
Z	O	A	U	J	P	W	R	O	S	A	R	I	O	I

ALFAJORES
ASADO
BARILOCHE
BUENOS AIRES
CASA ROSADA

LA BOCA
MATE
MENDOZA
PATAGONIA
PENGUINS

PERITO MORENO
ROSARIO
SALTA
TANGO

NAMIBIA

S	D	E	B	P	P	A	Z	D	F	I	A	F	T	A
H	M	M	A	W	X	U	X	J	D	O	X	P	C	Q
F	C	R	D	Q	J	I	U	I	G	Y	M	V	D	N
L	X	I	E	L	V	S	U	S	S	O	S	A	F	O
F	D	T	R	G	E	T	G	I	R	A	F	F	E	S
O	L	A	K	T	I	O	K	R	T	A	S	W	R	D
M	I	D	Z	I	S	T	P	E	E	D	U	I	Q	U
Q	O	X	P	C	E	O	K	A	O	H	I	G	N	Y
T	N	A	H	P	E	L	E	W	R	H	T	A	A	G
V	D	R	D	O	I	O	V	B	T	D	D	N	L	J
O	G	X	C	J	T	R	K	D	J	S	L	N	A	W
J	N	E	T	O	S	H	A	P	A	R	K	T	I	P
R	X	I	P	E	O	M	H	F	Q	E	Q	W	Z	W
Y	S	E	H	L	F	M	E	A	A	Y	D	J	U	D
G	T	Y	I	R	A	E	T	I	S	S	E	R	I	N

DEAD VLEI   LION   TIGER
ELEPHANT   OSTRICH   TISSERIN
ETOSHA PARK   PANTHER   WINDHOEK
GIRAFFES   RHINO
JAGUAR   SAFARI
LEOPARD   SOSSUSVLEI

MYANMAR

W	O	V	F	N	O	G	A	D	E	W	H	S	H	B
G	Y	W	X	X	C	V	Z	N	N	N	J	Y	D	D
T	I	A	G	Q	W	Q	G	J	J	F	I	S	I	Q
J	P	L	E	B	F	M	S	I	H	D	D	U	B	G
I	H	N	E	L	Z	R	Y	V	I	Y	K	U	U	S
B	A	G	M	A	N	D	A	L	A	Y	O	K	R	P
G	N	A	Y	P	Y	I	D	A	W	Y	R	V	M	E
Z	K	V	H	O	R	O	E	D	A	C	O	R	E	K
H	P	A	A	N	E	R	A	K	Y	U	G	I	S	D
L	T	N	I	Y	M	N	I	W	A	A	S	T	E	S
C	M	R	M	Z	G	T	A	Y	K	L	N	F	N	L
F	Z	H	I	H	J	H	Z	U	G	K	G	G	Q	T
T	E	M	P	L	E	B	A	G	A	N	J	P	O	Q
D	Z	R	Z	X	H	M	U	P	J	C	O	V	Q	N
F	D	P	G	F	V	T	U	R	B	K	X	L	M	M

BUDDHISM
BURMESE
HPA AN
KAREN
KYAT
LAKE INLE

LONGYI
MANDALAY
NAYPYIDAW
ROCA DE ORO
SHWEDAGON
SUU KYI

TEMPLE BAGAN
WIN MYINT
YANGON

BRAZIL

S	O	I	P	A	N	E	M	A	X	P	Y	W	H	D
O	N	B	Q	R	Q	L	S	C	A	E	L	I	Q	V
E	C	C	O	P	A	C	A	B	A	N	A	K	P	Y
D	T	M	R	S	L	I	M	V	A	R	D	L	B	V
C	S	X	N	P	S	F	B	N	A	R	I	M	Q	T
R	J	J	Z	Y	A	A	A	D	C	N	H	O	F	Y
A	L	X	R	M	R	H	N	X	R	L	R	S	C	F
B	T	N	E	A	K	Z	N	O	J	J	B	A	D	A
T	D	Z	S	N	P	D	P	I	V	J	L	M	C	V
L	S	C	K	I	K	N	L	M	R	A	X	K	P	E
F	E	I	J	O	A	D	A	T	H	I	A	F	E	L
E	V	J	R	C	X	C	Y	I	P	E	P	Y	J	A
C	D	T	P	H	I	I	A	N	W	M	Y	I	M	D
O	T	J	G	Y	C	L	S	T	S	E	C	N	A	D
V	O	L	U	A	P	O	A	S	G	B	E	R	C	C

BOSSANOVA   COPACABANA   MANIOC
CAIPIRINHA   DANCES   PLAYAS
CARIOCA   FAVELA   SAMBA
CARNAVAL   FEIJOADA   SAO PAULO
CHRIST   IPANEMA

SWEDEN

G	I	I	U	P	S	B	C	N	E	S	N	A	K	S
V	A	H	W	U	O	A	M	C	W	S	N	N	R	C
N	S	M	U	I	N	E	L	L	I	M	F	B	W	A
C	M	A	L	M	O	S	Q	A	O	L	A	O	L	N
P	P	C	U	A	F	C	F	V	S	H	F	P	T	D
F	H	Y	Y	N	S	B	A	S	E	P	X	P	F	I
E	L	O	Q	M	A	T	G	S	H	X	P	A	F	N
M	X	D	T	G	L	M	A	R	A	J	U	U	V	A
Y	B	J	S	O	F	O	A	N	O	R	O	C	A	V
J	W	L	C	K	G	F	H	B	V	B	M	P	W	I
N	O	R	T	H	E	R	N	K	B	L	E	Z	S	A
P	L	H	L	W	Y	F	A	W	C	A	L	T	T	F
U	K	P	L	G	Y	W	S	P	F	O	Y	H	Y	R
W	R	C	B	X	G	D	W	H	W	T	W	Q	G	O
R	W	T	M	T	J	Y	X	D	Y	M	S	U	X	

ABBA	NORTHERN	STOCKHOLM
CORONA	PHOTOGRAPHY	UPPSALA
GAMLA STAN	SAUNA	VAXHOLM
GÃ¶TEBORG	SCANDINAVIA	
MALMO	SKANSEN	
MILLENIUM	SOFO	

NEW ZEALAND

A	U	R	O	T	O	R	D	B	T	S	D	K	N	B
Q	L	L	R	C	W	G	J	R	A	K	A	N	A	W
U	X	I	J	H	E	S	N	N	O	U	D	R	S	T
E	Y	Q	W	R	D	A	G	I	X	F	C	P	H	Q
E	C	R	H	I	D	T	N	N	V	M	L	X	B	I
N	J	I	N	S	K	N	O	I	I	I	D	I	A	P
S	S	M	E	T	X	E	A	N	A	R	D	W	M	L
T	Z	S	S	C	B	L	O	L	G	G	D	Y	A	M
O	T	H	Q	H	P	X	U	L	D	A	I	R	K	L
W	V	E	L	U	Z	J	R	F	S	R	R	Q	O	S
N	D	E	O	R	M	G	H	C	T	G	O	I	Z	L
T	Z	P	P	C	L	Z	Y	S	A	B	D	I	R	O
E	K	T	T	H	S	N	M	F	Q	J	U	I	F	O
A	N	N	O	T	G	N	I	L	L	E	W	O	W	O
U	A	N	A	E	T	A	U	C	K	L	A	N	D	U

AUCKLAND
CHRISTCHURCH
DOUBTFUL
FIORDLAND
KIWI
LORD RINGS

MILFORD
OCEANIA
QUEENSTOWN
ROTORUA
SHEEP
SKYDIVING

TE ANAU
TONGARIRO
WANAKA
WELLINGTON

SOUTH AFRICA

E	K	K	I	X	U	X	X	D	E	Y	P	W	C	N
P	Q	I	O	K	G	G	S	U	P	R	R	N	V	B
I	F	U	R	H	Y	E	L	R	E	B	M	I	K	U
S	K	G	E	A	X	Y	H	B	X	M	R	U	N	Z
T	G	M	R	L	F	J	C	A	P	E	T	O	W	N
E	Y	A	P	U	R	A	G	N	T	D	D	I	V	G
L	D	I	R	O	B	K	S	O	O	E	S	D	Y	K
L	Y	T	E	D	J	S	E	L	T	L	E	M	V	L
E	K	Y	T	G	E	L	E	P	P	E	I	H	I	Q
N	O	L	O	W	O	N	B	N	O	P	W	O	C	Z
B	M	B	R	E	G	U	R	K	N	H	O	O	N	D
O	B	K	I	A	C	M	O	O	C	A	D	Y	S	S
S	V	C	A	O	A	U	B	V	U	N	H	O	B	C
C	E	U	P	O	X	P	Q	B	Q	T	K	O	O	H
H	D	I	E	H	T	R	A	P	A	S	E	Z	J	G

APARTHEID	GOOD HOPE	PRETORIA
CAPE TOWN	JOHANNESBURG	SAFARI
CHEETAH	KIMBERLEY	SOWETO
DURBAN	KRUGER	STELLENBOSCH
ELEPHANTS	LIONS	
GARDEN ROUTE	PAARL	

UNITED STATES

M	O	V	S	N	W	E	S	T	E	R	N	P	N	M
X	L	T	D	R	O	F	I	H	P	A	H	A	T	U
Y	N	W	P	W	E	Y	L	B	C	P	H	P	F	S
F	Z	O	Y	S	T	G	N	S	T	O	P	I	T	X
L	T	I	P	K	A	R	R	A	Y	O	O	L	N	Y
O	X	O	D	G	J	G	S	U	C	N	X	O	X	F
S	U	H	P	Q	Y	R	E	N	B	D	V	I	J	C
A	T	I	B	U	S	L	I	V	O	M	N	R	Y	J
N	E	W	Y	O	R	K	Z	A	S	S	A	A	H	H
G	O	F	M	W	Y	U	Q	X	T	A	P	H	R	U
E	J	H	O	L	L	Y	W	O	O	D	L	M	D	G
L	H	C	A	E	B	E	C	I	N	E	V	B	I	W
E	R	D	T	D	R	R	S	A	R	T	A	N	I	S
S	L	L	I	H	Y	L	R	E	V	E	B	R	R	K
X	W	A	S	H	I	N	G	T	O	N	U	S	K	X

BEVERLY HILLS   LAS VEGAS   UTAH
BOSTON   LOS ANGELES   VENICE BEACH
GRAND CANYON   NEW YORK   WASHINGTON
HAMBURGERS   SIMPSONS   WESTERN
HOLLYWOOD   SINATRA

FRANCE

A	B	S	R	B	N	X	W	A	R	B	Y	N	G	Z
P	C	Q	I	E	E	O	V	F	J	Y	C	Y	N	N
N	H	A	U	R	W	G	I	C	T	H	M	H	T	Y
L	A	C	M	G	A	O	U	T	Q	D	S	D	Z	B
N	M	X	A	E	E	P	T	O	U	N	F	Q	I	D
Y	P	N	U	R	M	R	X	L	R	L	H	T	D	D
B	S	M	X	A	I	B	V	L	E	N	O	M	A	U
A	E	T	H	C	E	H	E	U	L	F	I	V	N	J
G	L	N	G	O	O	D	C	R	O	U	F	V	E	Q
U	Y	Y	N	Q	O	Q	R	I	T	L	C	I	D	R
E	S	O	O	A	O	M	F	O	F	U	E	T	E	H
T	E	Q	K	N	I	P	N	Z	B	Y	W	H	O	E
T	E	R	Y	S	A	R	K	O	Z	Y	B	K	T	S
E	C	R	B	E	P	M	A	R	S	E	I	L	L	E
I	J	J	T	Q	W	S	A	M	H	O	K	A	U	C

BAGUETTE
BERGERAC
BORDEAUX
CAMEMBERT
CHAMPS ELYSEE
CHIRAC

COQ
EIFFEL TOWER
LYON
MARIANNE
MARSEILLE
PARIS

REVOLUTION
SARKOZY
THE LOUVRE
VIN ROUGE
ZIDANE

UNITED KINGDOM

S	U	B	V	M	A	G	N	M	L	N	M	N	W	O
R	I	S	H	A	K	E	S	P	E	A	R	E	N	V
G	O	N	T	M	P	F	G	N	L	B	C	E	A	K
E	R	S	O	I	H	H	K	Y	S	V	B	S	E	U
F	Y	E	F	S	X	U	G	X	X	O	E	T	R	U
S	L	F	T	G	N	E	P	R	K	P	Z	I	Y	J
C	G	B	L	S	S	H	R	O	U	N	U	W	L	W
A	L	L	J	P	E	E	O	B	U	B	E	B	T	E
M	U	Q	A	J	N	H	L	J	W	N	N	R	U	T
B	Q	U	J	S	B	N	C	T	S	L	D	I	P	A
R	N	E	I	S	G	S	O	N	A	I	I	S	D	J
I	H	J	O	X	F	O	R	D	A	E	R	T	I	E
D	B	D	R	R	G	F	W	V	N	M	B	O	F	B
G	C	Q	J	L	I	V	E	R	P	O	O	L	B	D
E	C	Q	F	F	X	R	O	I	W	L	L	C	N	Y

BEATLES
BORIS JOHNSON
BREXIT
BRISTOL
CAMBRIDGE

EDINBURGH
GLASGOW
LIVERPOOL
LONDON
MANCHESTER

OXFORD
POUNDS
PUB
SHAKESPEARE

MOROCCO

M	D	J	N	R	Z	F	X	V	W	I	F	V	A	M
Y	H	U	S	C	M	G	A	Z	E	L	L	E	M	F
C	Y	E	N	H	O	M	Z	F	K	G	V	C	R	Y
M	I	C	D	E	C	U	V	Y	E	G	Z	W	A	Z
Q	H	K	A	F	S	E	S	R	Z	G	R	R	F	T
J	G	Z	V	C	L	F	K	C	A	E	L	T	H	Q
A	I	F	Z	H	N	L	A	A	O	R	A	D	C	Z
C	N	D	X	A	V	A	A	Q	R	U	A	A	Z	U
K	D	I	S	O	E	R	L	M	X	R	S	H	D	P
H	Z	Y	D	U	E	T	E	B	I	R	A	B	A	T
J	I	T	R	E	S	E	D	B	A	S	N	M	W	S
Q	E	I	M	N	M	L	Z	Y	R	S	A	P	G	R
G	J	A	R	I	U	O	A	S	S	E	A	V	K	L
K	G	Z	J	D	N	Y	F	U	C	S	B	C	U	J
R	E	N	I	J	A	T	W	G	L	S	M	J	B	E

BERBER	ESSAOUIRA	SAHARA
CASABLANCA	GAZELLE	TAJINE
CHEFCHAOUEN	MARRAKECH	TEA
COUSCOUS	MEDINA	
DESERT	MINT	
DUNES	RABAT	

MADAGASCAR

L	P	M	Q	Y	K	A	S	T	M	Q	C	K	N	J
W	L	Z	Q	U	T	O	P	B	R	P	J	K	T	U
I	G	A	N	T	A	N	A	N	A	R	I	V	O	S
T	F	U	R	Z	T	U	L	C	V	B	Y	C	A	S
I	C	A	T	O	P	F	A	S	I	S	O	C	M	Z
O	E	Y	L	F	C	B	O	Y	T	R	K	A	Q	K
Z	P	L	Z	A	Y	Y	T	R	O	Q	F	R	B	R
P	R	X	G	U	N	S	R	R	T	F	O	A	Y	N
F	Z	A	B	N	Z	I	A	A	O	M	A	J	V	Y
C	E	A	K	N	U	W	V	G	V	P	S	K	V	Z
G	U	N	K	A	F	J	K	A	A	Z	I	L	A	B
H	J	W	I	M	O	Q	D	J	R	L	I	C	P	S
X	Q	H	C	S	I	L	X	Q	V	R	A	P	A	S
B	C	E	W	Q	T	G	J	B	F	T	E	M	H	L
V	O	A	N	J	O	B	O	R	Y	V	O	G	W	Y

AFRICA
ALAOTRA
ANTANANARIVO
BAOBABS
CORAL
JUNGLE

LOAKA
MALAGASY
RAVINALA
RAVITOTO
SAKAFO
TROPICAL

TSAKY
VARY
VOANJOBORY

PORTUGAL

F	C	T	T	O	C	I	R	E	B	I	J	C	N	E
I	E	I	H	Y	G	N	Q	M	C	J	X	X	S	X
G	P	V	I	N	H	O	V	E	R	D	E	L	Q	F
A	K	M	N	P	A	A	X	U	O	B	W	Q	C	H
A	J	H	A	A	A	R	O	D	I	Z	O	C	Q	Z
L	B	P	Z	R	H	S	I	A	N	G	N	O	T	D
S	E	D	A	U	T	P	T	E	R	O	Z	E	I	O
F	L	S	R	Z	A	I	O	E	C	U	B	U	A	H
U	E	Q	E	S	A	H	M	J	L	I	V	S	E	A
O	M	S	U	Q	A	L	L	M	N	N	R	L	I	B
J	T	F	Y	F	P	R	G	A	O	Z	A	E	D	L
N	O	R	I	K	A	Q	D	A	C	N	I	T	E	C
E	W	V	O	C	T	R	I	I	R	A	I	L	A	F
F	E	Q	K	P	B	C	O	C	N	V	B	Z	Y	Q
W	R	L	A	X	K	V	M	O	K	A	E	W	Z	W

ALGARVE
BACALHAU
BELEM TOWER
COZIDO
ERICEIRA

FARO
IBERICO
LISBON
MARTIM MONIZ
NAZARE

PASTEL NATA
PORTO
SARDINA
VINHO VERDE

ICELAND
Puzzle # 1

PERU
Puzzle # 2

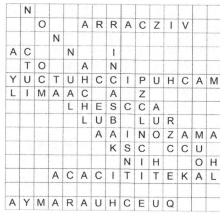

SENEGAL
Puzzle # 3

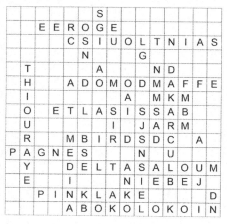

SPAIN
Puzzle # 4

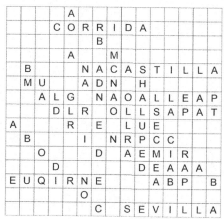

VIETNAM
Puzzle # 5

```
A N A M I T E C H A I N
      P
G     A H N G N O H P
  N     M O T O R C Y C L E
    A R I C E F I E L D S
      R B A N H M I
    N   T H O C H I M I N H
  A P A S A           T
      I L H         O
      G O   N           N
      N H H       M     K
      G A A       H E     I
      B A N H C H U N G N
      A   O A           E
      Y   I   D
```

JAPAN
Puzzle # 6

```
    I
T     R A M E N
E S     I
M A     G G           N G
P K       Y I         A E
U U       D O N B U R I
R R   K         Z O A A S
A A I   Y         A   K H
  J   R   O             A
  I   M O N T E F U J I S
  M H     T   O K   O Y K O T
  A   S     I     A
        U       K       S
          S       A
              Y
```

COLOMBIA
Puzzle # 7

```
  S     N I L L E D E M C
  A     B L           L
  N N     A R A H C I R A B
E T   E   R   C       U O
S A   O G R   E       D G
M M     T A     E     I O
E A     N T       F   A T
R R     Q E R     F L A
A T     D U   L A     O
L A S E B I A R A C   P C
D   A     L V   O S   E
A   U     L   I   D   Z
    C     A   N   N
    E           G   O
    A E D I H C R O   C
```

INDIA
Puzzle # 8

```
R   H S E K I H S I R
U         D K E R A L A
  P           N   R
  N E W D E L H I   A
    E   E L E P H A N T
          G A N G E
                    B
  L Y R R E H C I D N O P
  I A   G
    A H   J A I P U R
    B A     N
    M M     D
      U J       H
A R G A G O Y M A R K I B
            T
```

EGYPT
Puzzle # 9

S	E	R	U	S	A	E	R	T					
P	H	I	E	R	O	G	L	Y	P	H	I	C	S
H			A					R					
I	N	R	I	L	A	D	E	M	M	A	H	O	M
N	A	U	O	S	S	A	A			M			
X		C	M	X			H				S		
		I	A	U			F	G			E		
S			R	H	O			A	R			S	
	D			F	K	L			R	U			
	I	N	O	T	A	N	E	H	K	A	H		
	M		R			A		E		O			
		A		I		T		Z		N			
		R		A			U		I				
			Y		C			O		G			
				P				T					

AUSTRALIA
Puzzle # 10

A	L	A	O	K	A						
	E	N	A	B	S	I	R	B			
						N					
						T	A	B	M	O	W
					E		M				
K		H			Y	E	N	D	Y	S	
	C		O			K		R			A
		O		B	C		C	U	U			T
		R	K	A	N	G	A	R	O	O	
N			S	I	R			B	U	B	
	I			R		T			T	L	L	P
		W			N	E			U	U	E
			R		S		Y			O	R	M
			A	D	E	L	A	I	D	E		T
			D									H

CANADA
Puzzle # 11

C	E	B	E	U	Q		O	N	T	A	R	I	O
	W	O	N	S						N			
		M		I						D			
	T	O	R	O	N	T	O			I			
C	A	R	I	B	O	U		U	R	E	P	S	A	J
R	E	V	A	E	B	N		O		N	M
	H	C	N	U	R	B	T		P		S	A
		F		O	Y	A				U	P
		F	S		T		E	I		M	L
			R	T		K	N		M	E
		Y	R	A	G	L	A	C	S	E	S
			W	L			O	R	Y
			A		L			H	R
	L	A	E	R	T	N	O	M			U
C	E	L	I	N	E	D	I	O	N	D		P

NEPAL
Puzzle # 12

	E				K	A	T	M	A	N	D	U
		V										T
H			E		N							R
	I		D	U	R	B	A	R	S	Q	U	A	R	E
	M			R	E		W					K
	A		A	U	S		T					K
Y		L		N	P	T	H	I	N	D	U	I
	O		A		R	A			H			N
	G		Y		U	T			C			G
P	O	K	H	A	R	A		P	K
M	S	I	D	U	O	B	S		A	A
									N	H
	M	E	D	I	T	A	T	I	O	N	B
H	T	A	N	U	H	B	M	A	Y	A	W	S	A
	M	U	S	T	A	N	G

```
                E
            T U L U M
      P A C I F I C Q
C         N       N     N
H           O         A   E
I             R         T   L
C A N C U N   O         A   A
H   S A P A I H C           C   P
E   M R A R A J A L A D A U G
N   E A                         Y
I   X I             S
T   I B           P L A Y A
Z   C E N O T E S     Y
A   O S O H C A N       A
B U R R I T O S             M
```

RUSSIA
Puzzle # 17

THAILAND
Puzzle # 18

MONGOLIA
Puzzle # 19

PHILIPPINES
Puzzle # 20

GERMANY
Puzzle # 21

```
  L O W E R S A X O N Y
T S E F R E B O T K O
  B A V A R I A
A N G E L A M E R K E L
      T       H A M B U R G
  N E D S E R D
B B R A N D E N B U R G
  R         F R A N K F U R T
D U S S E L D O R F
  H B         F
    C U         K
      I S           C
      N I L R E B   A
T R A G T T U T S       L
    N U R E M B E R G     B
```

JORDAN
Puzzle # 22

```
    S A M B O U S S E K
S   A       N
  I   S       A
M E A   O O     M
A   Q B   R B     M
R     M A   D E     A
M W     M Q   A N
U A C     U A   D T
E D D I         I N
R I   A B   E       U U
T R K E B A B Z       C O
O U   E   A R   Z         M
  M     F A L A F E L S
        T       M
  P E T R A
```

CAMBODIA
Puzzle # 23

```
  G N A B M A T T A B
    P H N O M P E N H
                G
      M E K O N G K
B A Y O N I A R T O O B M A B
K U T K U T M     R E M H K
  O     P       W K
S N     O       A   E
I L     T       T     P
  E L L I V K U O N A H I S
  S M     L           M
  A R     E           I
  P   E     I         L
        A     R       E
          P           S
```

GREECE
Puzzle # 24

```
N   A E S E N N O P O L E P
I   A E G E A N S E A
K   O S S D     O
O   E N M A     N
S   I N A O L     O
V   S A I O C     K
O       T R N R Y     Y
U       E R O H C       M
T     S V E I S
S       D A U T   U
I       N T O I   M
S A N T O R I N I A H I D
A K A S S U O M   L E G E
N O N E H T R A P S N   M
    A C R O P O L I S
```

PANAMA
Puzzle # 25

```
            S
            A
  P A N A M A C A N A L
        T R E S L E C H E S
E C A R A I B E S       O
  C       N       N       C
    I         A F W           H
S E E R T T U N O C O C       O
  N       N       E A R     T
  G           E       T B E     D
  L             E       E S     L
  I               R       U T     O
  S                 G       Q S
  H                   L A C I P O R T
      S E H T O L C D L O B
```

ITALY
Puzzle # 26

```
  E A A F
    M L L
      O O L
        R D E                   V
U A       E     N R               A S
S L       N C     O A             T I
    I L C A O     G Z             I C
    M E I L L           Z         C I
      A R T I I             O     A L
      S R A A M S               M N Y
        E I T I V E N I C E
          L T T R     O
            P O P E A D
                  A     M A
M E D I T E R R A N E A N
```

INDONESIA
Puzzle # 27

```
I             J       U
U S       S U M A T R A B
  T E         K         R U
  R A W       A       S O     D
  R U W A I   R       E M
    I T U L L T       M O
    M C A L U A       I V
    O     E B U S B   N O
    U       F T L Y   Y L
    N         I N O E A C
    T           E U M K A G O Y
    I             L O B N
    J             D M O O
    E             S     K M
    N         S U R F I N G
```

ARGENTINA
Puzzle # 28

```
          S N I U G N E P
        B   S E R O J A F L A
    M U
  A P E R I T O M O R E N O
O   C N N P           C
  G   O   D A   E     A
  N S B     O T     T S
    A   A     Z A     A
    I T     L     A G R M
B A R I L O C H E O
    E       A D       S N
    S         S A     A   I
                S D       A
              R O S A R I O
```

NAMIBIA
Puzzle # 29

MYANMAR
Puzzle # 30

BRAZIL
Puzzle # 31

SWEDEN
Puzzle # 32

G					N	E	S	N	A	K	S
A				A	M						C
S	M	U	I	N	E	L	L	I	M		A
M	A	L	M	O			A	O			N
P		U	A				S	H			D
H			N	S				P	X		I
	O		M	A	T	G			P	A	N
		T		L		A	R			U	V	A
		S	O	F	O	A	N	O	R	O	C	V
			G		H	B		B			I
N	O	R	T	H	E	R	N	K	B		E	A
				A		C	A		T	
					P		O	
					H		T		G
					Y		S		

NEW ZEALAND
Puzzle # 33

A	U	R	O	T	O	R	D					
Q			C		G		R	A	K	A	N	A	W
U		I		H	E	S	N		O
E			W	R		A	G	I		F
E			I	D	T	N	N	V		L
N			S	K	N	O	I	I	I		I
S				T			A	N	A	R	D		M
T		S	C		L		L	G		D	Y
O		H	H		U		D	A		R	K
W		E	U			F		R	R		O	S
N		E	R				T		O	I		L
		P	C					B		I	R
			H						U		F	O
	N	O	T	G	N	I	L	L	E	W	O
U	A	N	A	E	T	A	U	C	K	L	A	N	D

SOUTH AFRICA
Puzzle # 34

						D
		I				U
		R		Y	E	L	R	E	B	M	I	K
S		G		A		H	B
T	G		R		F		C	A	P	E	T	O	W	N
E		A	P	U		A		N	T
L		R		B		S	O		E
L		E	D		S	E		T	L	E
E		T		E		E	P		E	I	H
N		L	O		N		N	O	P	W	O	C
B		R	E	G	U	R	K	N	H		O	N
O		I	A			O		A	D		S	S
S		A		A			U	N	H	O
C				P			T		O	O
H	D	I	E	H	T	R	A	P	A	S	E		J	G

UNITED STATES
Puzzle # 35

		S	N	W	E	S	T	E	R	N
		R	O				H	A	T	U
		E	Y
		S		G	N
L			A		R	A
O				G	S	U	C
S				E	N	B	D
A				V	O	M	N
N	E	W	Y	O	R	K		S	S	A	A
G						T	A	P	H	R
E		H	O	L	L	Y	W	O	O	D	L	M		G
L	H	C	A	E	B	E	C	I	N	E	V		I
E					A	R	T	A	N	I	S
S	L	L	I	H	Y	L	R	E	V	E	B
	W	A	S	H	I	N	G	T	O	N

FRANCE
Puzzle # 36

		S	R	B	N
C		I	E	E	O
H	A		R	W	G	I
A	C	M	G	A	O	U	T				Z
M	X	A	E	E	P	T	O	U			I
P		U	R	M	R		L	R	L		D
B	S		A	I	B	V		E	N	O		A
A	E		C	E	H	E	U		F	I	V	N
G	L	N		O	D	C	R	O		F	V	E
U	Y	Y	N		Q	R		T	L		I		R
E	S		O	A			O			E		E
T	E		N	I			B		H
T	E		S	A	R	K	O	Z	Y		T
E			M	A	R	S	E	I	L	L	E
					M

UNITED KINGDOM
Puzzle # 37

```
  S H A K E S P E A R E
  N T
R O I H
E S X G
  T N E P R   P
C G   S S H R O U   U
A L   E E O B U B   B
M   A   H L J   N N R
B   S   N C T S   D I
R     G   O N A I   S D
I   O X F O R D A E R T   E
D         W   N M B O
G     L I V E R P O O L B
E                 L
```

MOROCCO
Puzzle # 38

```
  D
    U   C   G A Z E L L E
      N H O
      E C U
      A F S E S
      C     K C A
A     H N     A O R
  N   A   A     R U A
  I   O E R L     R S H
    D U   T E B   R A B A T
  T R E S E D B A     M   S
  M N M       R S
  A R I U O A S S E A
        N         B C
E N I J A T
```

MADAGASCAR
Puzzle # 39

```
    Y K A S T
  L       B R
  A N T A N A N A R I V O
    R     L C V B
    A O   A   I   O
E   L   C O   T R   A
  L   A Y Y T   O F   B
    G   N S R R T F   A
    A   N   I A A O   A
    K   U   V G V P   K
      A   J   A A   I   A
        O     R L   C   S
          L       A   A
                  M     L
V O A N J O B O R Y
```

PORTUGAL
Puzzle # 40

```
      O C I R E B I
  V I N H O V E R D E
  M N P A
    A   A R O D I Z O C
B Z R   S I   N
E A U T   T E   O
L R A I   E C   B
E E S A H M   L I   S
O M     A L L M   N R   I
T   F   R G A O   A E   L
O R   A   D A C N   T
W O   R   I R A I   A
E P     O   N V B Z
R             A E
```

Made in the USA
Las Vegas, NV
07 March 2024

86866941R00030